Para: Leonel

Con mucho amor

Cariño de tu

Nonia

Coralia

AF572795

María del Mar Ramos Montes

Éxodo

Éxodo

Colección *Aquí y ahora*

1. La noche y la poesía tienen algo que decir, *Andrés Castro Ríos*
2. Como el caer del agua sobre el agua, *Jesús Tomé*
3. Entre la inocencia y la manzana, *Alfredo Villanueva*
4. Sueños de papel, M*agaly Quiñones*
5. Callando amores, *Roberto Ramos Perea*
6. Solo de pasión / Teoría del sueño, *José Luis Vega*
7. Crimen en la calle Tetuán, *José Curet*
8. Espejo de lluvia, *Carlos Noriega*
9. La religión de los adúlteros, *Pedro López Adorno*
10. Amantes de Dios, *Ángela López Borrero*
11. Peso Pluma, *Edgardo Sanabria Santaliz*
12. Este ojo que me mira, *Loreina Santos Silva*
13. Peloteros, *Edgardo Rodríguez Juliá*
14. Detrás de los infiernos, *Miguel Ángel Fornerín*
15. Tres lirios cala / La madre tierra, *Abniel Marat*
16. Arqueología, *José A. Peláez*
17. Bajo el signo del amor, *Francisco Matos Paoli*
18. La sustituta y otros cuentos, *Juan López Bauzá*
19. Reparos del espejo. Versos apócrifos de Sor Juana Inés de la Cruz, *Manuel de la Puebla*
20. Libreta de sueños, *Myrna Nieves*
21. El corazón fuera del pecho, *Jorge María Ruscalleda Bercedóniz*
22. Palabras en el tiempo (1948-1993), *Francisco Lluch Mora*
23. ¡Ay, bendito!, *Carmen Alicia Morales*
24. Te traigo un cuento, *Luis López Nieves* (Compilador)
25. Peregrinajes, *Hugo Gutiérrez Vega*
26. Cuando Él es adiós, *Mairym Cruz-Bernal*
27. Divas, *Luis Trelles*
28. En el fondo del caño (Genealogía), *Rosa Vanessa Otero*
29. Crónica del hombre solo, *Fernando Cros*
30. El árbol de Emajagua, *Marcos A. Ramírez Lavandero*
31. No mires ahora... y otros cuentos, *Ramón Luis Acevedo*
32. La ausencia de Samuel, *Gabriel Cirino Gerena*
33. Ritual, *Rafael Colón Olivieri*
34. Decidle que adolezco, *Mario Mesa*
35. La fea de los mil rostros hermosos y otros personajes rescatados, *Gisela Paoli*
36. El reino de la memoria, *Matilde Albert Robatto*
37. Éxodo, *Eduardo A. Santiago-Delpín*

Eduardo A. Santiago-Delpín

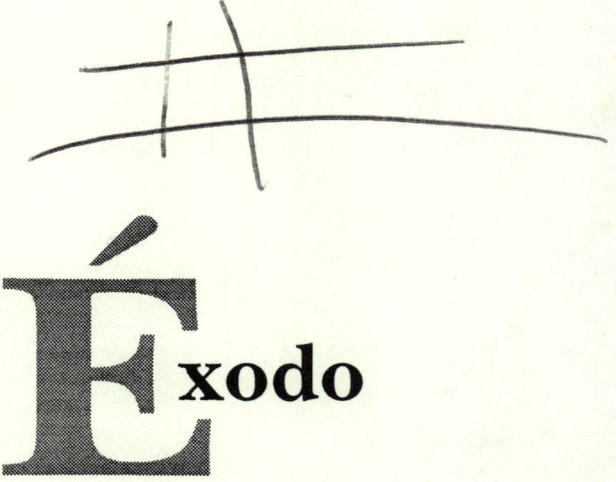

Éxodo

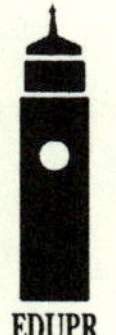

EDITORIAL DE LA UNIVERSIDAD
DE PUERTO RICO

1º de enero de 1998

Aquí y ahora, colección creada y supervisada
por el Dr. José Ramón de la Torre

Primera edición, 1998
Copyright ©1998, Universidad de Puerto Rico
Derechos Reservados
ISBN 0-8477-0337-1

Tipografía: Marcos R. Pastrana Fuentes
Diseño de portada: José A. Peláez
Ilustración de portada: Daniel Dumas

Impreso en los Estados Unidos de América
Printed in the United States of America

EDITORIAL DE LA UNIVERSIDAD DE PUERTO RICO
PO Box 23322
San Juan, Puerto Rico 00931-3322

Administración: Tel. (787) 250-0550 Fax (787) 753-9116
Dpto. de Ventas: Tel. (787) 758-8345 Fax (787) 751-8785

Contenido

Prólogo

Éxodo es salida, es emigración, es peregrinación. Implica un peregrino en constante errabundez. Implica búsqueda. En el contexto Bíblico, hace 3,900 años Abraham emigró a Egipto seguido 200 años más tarde por Jacob, hasta que en el año 1275 a.C. Moisés y Aarón regresan a la Tierra Prometida. Éxodo es búsqueda, camino, peregrinaje hacia esa Tierra Prometida.

En el contexto humano mi analogía es imperfecta, pero válida. Éxodo es escape de la Peste, la Náusea, el terror, el *angst* existencial clásico, y el dolor más moderno de la Ironía Existencial. Y en el contexto humano, la búsqueda, el camino, y la tierra prometida es el Amor. El amor que sea. En esta pequeña obra (¿estudio? ¿preludio? ¿ensayo en rima?) es el amor de hacer el amor, del beso, de la llama, la pasión, el corazón, la mujer-esposa-amante-complemento-poesía. Pero es sólo una manifestación del amor amplio y general. El Amor Divino. Amistad. Apego. Afecto. Piedad. Caridad. Perdón. Voluntad. Filantropía. Delicadeza. Maternidad. El Amor Filial. El amor-código-de-ética. El amor-a-lo-Fromm.

De todas las escuelas psicoanalíticas que pretenden explicar la angustia, el conflicto y la enajenación -Sigmund Freud y el conflicto sexual; Carl Jung y la muerte; Alfred Adler y la inferioridad y Eric Fromm y la soledad (*aloneness*)- Fromm es el único que nos da soluciones tangibles, inmediatas y presentes ante nosotros: el amor como solución parcial (¿antídoto?, bálsamo?) al conflicto y sus resultados filosóficos y emocionales. Fromm propone el amor a Dios, el amor erótico o conyugal, el amor a los padres y filial, y el amor-amistad. Concuerdo.

El amor es la base de las grandes religiones incluyendo el Shintoísmo, donde la adoración del *kami* sólo es reflejo de una profunda veneración y respeto por todos los objetos de la Creación. Es la consolación al desconsuelo de Rubén Darío ("Canción de otoño en primavera") y a la infelicidad de Amado Nervo ("a Kempis"). Es el consejo al "viejo Schopenhauer-doloroso asceta, siniestro filósofo y amargo poeta: pero sin amor, ¡qué importa la vida!" (Emilio Carrere 1881-1947). Es el complemento obligado a la filosofía de Ayn Rand ("Anthem", "Fountainhead"). Es la columna primaria del Templo de las Virtudes. De hecho, felizmente emerge hoy el amor hasta como una explicación para el comportamiento (David Buss, "The Evolution of Desire"; Carl Sagan, "Shadows of forgotten ancestors"; Ernst Mayr, "The Evolution of Biological Thought") complementando antropológica y biológicamente la obra de Flaubert, Tolstoy, Dostoyevski, y Shakespeare.

Y el amor cabe dentro de un *haiku*.

Éxodo

Saeta en el tiempo
Surqué por los siglos
Etéreo cendal
Inmerso en buscar
Tu ofrenda de lirios.

Fui un volar eterno
Disperso en el viento
Flotante en el éter
Buscando doliente
Tu cálido aliento.

Fui luz de lucero
Antorcha en el cielo
Fulgores perpetuos
Viajeros inquietos
De ti en acecho.

Publicado inicialmente en *Antología poética hispano-americana*, Vol. 3, Escuela Ecléctica 1987, p. 155.

Fui mar en mil mundos
Recé a las arenas
Buscando tu encaje
Encrespé mi oleaje
En penacho de penas

Fui vida silvestre
Humilde guajana
Glorioso rosal
Vistiendo azahar
De imagen ufana.

Y hombre me hice
Cansado en mi sino
Deshecho en mi ser
Perdido el poder
Iluso vencido.

Y en playa lejana
Caí embrujado
En místico sueño,
Universo extraño
En mi alma alojado.

Era tu alma que en un suspiro
Flotando en tul de rocías algas
A mí venías, batientes alas,
De tu odisea perdida en siglos.

Encajes áureos sobre tus hombros
Fuentes brillantes en tu mirada
En armonía voz sincopada
Tu andar eterno narraste, asombro.

Y la celesta bien temperada
De amantes almas bordó su unión
Final momento de una ilusión
Que en busca eterna se culminaba.

Flor amada

Flor amada.
Fina seda y espuma, tu piel
Se estremece
Al ligero soplo del viento:
Temblor ansioso
En que exhalas un suspiro perfumado
De amor
Flor
Amada:
Me llamas y vuelo a ti,
Mis alas furiosas
  Batiendo los aires
Agitado corazón cautivo
  Temblando en mi pecho
Domando cendales y brumas
  Senderos de cielos
Labrados a imagen de
Mi flor
Amada.

Tu aroma de néctar
Promesa escondida en tu seno
Que es tu esencia.
Gorjeos plañideros susurro a tu oído
Y en furor de colores despliego
   Mi esencia.
Te explico
   Mi vida.
Flor
En mustios arrullos
Me abrazan tus pétalos
Trémulos.
Secretas ansias que mis labios
Aspiran.
¡Exaltación!
Néctar que embebo
Trasmutación de miel
Que quema mis venas y fragua
Tu nombre en mi ser.
Flor.
Amada.

Lux vera

Modulando sus colores
Alfarero en vano plasma;
Pincelando luz de albores
El pintor mancha su canvas;
La violeta en sus vapores
Emula tonos del alba;

Pero todos resplandores
Palidecen y se opacan
Ante el lustre de tus ojos
Cuando entras a mi alma.

Castillo de Vizcaya

(Miami Beach)

Vagos anhelos que me visitan
Sueño, quimera, aparición.
Vahos sensuales, marina brisa
Conturban mi alma: Una ilusión

Confusa imagen conjura Homero:
Entre gardenias Venus en bruma
Compone versos, fulgen luceros
Teje guirnaldas hechas de espuma

Yo soy cautivo de áureos hilvanes
Que Apolo y Ea en dulce fusión
Inesperados crean afanes
Antiguo hechizo, eterna pasión.

Vana promesa

¡Ay qué fulgores!
¡Cuántos destellos!
Volar celajes
En mis desvelos.

Visiones céreas
Rubro fogueo
Febril delirio
Vanos deseos

De una mirada
Bajo tus velos
De hurtar las flores
De tus cabellos

Alucinando
Sueño con ellos
Y con tus ojos
De caramelo.

Llevarte quiero
A parajes lejos
Y recitarte
Dulces anhelos

Que te conquisten
Corazón bello
Y que en tu alma
Rompan el hielo.

Nubes doradas
Para ti quiero
Para invitarte
A ver el cielo

Allí obsequiarte
Blancas estrellas
Y acariciarte
En el revuelo

Al horizonte
Huir certero
Para en la noche
Robarte un beso.

Pero despierto
En mi desespero
Busco mis manos
y no te tengo

¡Ay qué fulgores!
¡Cuántos destellos!
¡Cómo te ansío!
¡Cómo me duelo...!

Génesis I

En el principio existió el beso
Como el beso del alba
despertando una flor,
Rocío suave en su mejilla de capullo.
¡Regocijo!
Así despertó tu amor al mío
En aquel beso, ¿recuerdas?
El primero
Confuso inesperado sobresalto.
Besaste al nómada
Llenando de ebullente efervescencia
Las copas de madera vieja, agrietada
Con huellas de sangre y cenizas.

Luego, el beso del cuerpo
Estremeció la tierra
En confirmación de amor eterno.

Surgiste de la bruma con luz divina
De rubores tenues,
Que abrió mi carne al éxtasis
Y mi alma a ti y a tu beso.

Canto I

¡Ave Princesa, excelsa diva!
Transfigurada, regia esbeltez
Desde la historia hermosa imperas
Celeste manto tu desnudez

Tus manos copas de alabastro
Tus senos lirios opalescentes
Tu vientre flor, origen, vida
Tus sienes cielo, altar viviente

Ascienda el vaho hasta la estrella
Trinos del hombre en adoración
Poeta y Musa, verso y su imagen
Tu ser, mi alma, eterna visión.

Tu nombre

Tu nombre en mis labios
es tu beso
Que abre pétalos mustios
y deja escapar volando gotas prisioneras
de rocío
que recogen tus ojos
y son estrellas
de mi cielo
Tu beso corta surcos
frescos
En la corteza de mi madera
en grietas
y la savia vieja
ámbar perfumado
es luego espuma
que revela
en siluetas de túnica blanca
misteriosas promesas de amor
Yo soy la bruma del viento

y el aljófar de tu alma
yo soy tu nombre en mis labios
y tu beso en mis versos.

Marina

Por las arenas vagabas
Tu pie de poesía
Acariciando
Las olas tenues
Que en ofrenda amorosa
Te brindaban encajes de plata.

Tus sedas transparentes
Volando en el viento
de mar enamorado
Que penetra y vulnera las hojas
Que gimen de entrega.

Me has visto y te vuelves,
en perfiles de mariposa coqueta
Con ojos de ensueño húmedo
musitando seductores secretos.

Y el aura mística de mis ansias
Te envuelve como la nata.

Te cubre como el musgo abriga
a la desnuda piedra.
Y en toque fluido
Soy en tu esencia.
Singular instante es eternidad.

Oda a tu seno

Agítase el pecho
En primeros amores
Rubores presiente
Sutiles tremores.

Cautivo en su seda
El seno estremece
Extraña opresión
De súbito crece.

Despierta tu seno
Al roce de mi alma
Que en fugaz mirada
Le quita la calma.

Sospecha placeres
y juegos eternos
Calienta la brisa
Disipa su invierno.

Rebélase inquieto
Del tul que lo viste
Revélase al hombre
A que le conquiste.

Paloma de nieve
Aletea en vano
En ansias de verse
Reinando en mis manos.

Son cumbres altivas
En nácar bordadas
En busca del cielo
Con punta enjoyada.

Adornan las flores
Que en ellas reposan
Dan vida al brocado
A la seda hermosan.

Son fuente de néctar
De perfumes, copa
De tesoros, cofre
De tu alma, boca.

Puntas de corales
Coronan tu seno
Ardiendo en su nervio
Del alma el deseo.

Oh, senos perfectos
De artista, ideales
Tallados a imagen
De diosas vestales.

Visito tu seno
Y sonríe mi alma:
Comprendo encantado
La belleza humana.

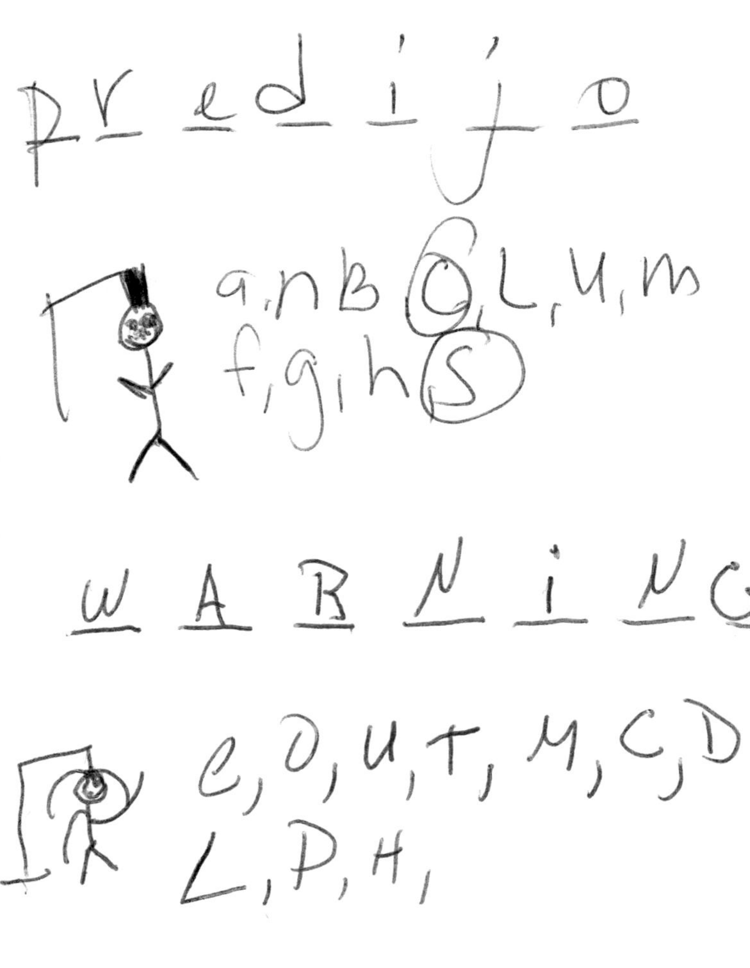

predijo
a, n B, C, L, U, m
f, g, h, S
WARNING
e, O, U, T, M, C, D
L, P, H,

Primer soneto

Pides que te escriba una poesía
Que mis labios te musiten bellos versos
Que en sonetos bese tus oídos tersos
Que disipe tu ansiedad en alegría.

Cantaré a tus primores algún día
Contemplando en ti entraña y universo
Conteniendo el impulso con esfuerzo
De verter sobre tu sien las ansias mías.

Pero ahora tu ventana nos separa
Y en suspiros mi pensamiento prepara
Encantadora rima que te conquiste

A que aceptes esta rosa perfumada
A cambio de ese pañuelo que te viste
Y un instante de tu amorosa mirada.

E I L A N I R O

P I A

A e U B C Q G H

M P

Soneto para un aniversario

No pidas que deshaga tu poesía
Forjada fue en el Yunque de Dios
Hace mil siglos cuando concibió
Ríos y lunas, amor y vida.

Firmó tu alma, dio a luz la mía
Creó destino, predijo unión
Trazó tus pasos, y a mí, visión,
y en la distancia dibujó el día

En que feliz realización
después de siglos y de universos
y de continua renunciación

Se mezclaría todo en un beso
fulgente cenit de creación
y nuestras vidas se harían verso.

a n i v e r S a r i
u, m, p, d, t, c
e, m, i, u, c, 4, 6, v, p, f
g, J, t, k
B o Z a n d o

A tu oreja

Rosada concha tu faz adorna
Desnuda brilla en sensual turgor
Rubores tiernos delatan ansias
Que el labio calla en sabio pudor.

Tu oreja crista del cuello emerge
Triunfante en forma, galante flor
Altiva esculta, tímida hoja
Por vello oculta, silente ardor.

Y éste, tu amor, tu eterno bardo
Se acerca ansioso a musitar
Versos, pasiones, senso, ilusiones

Quemante aliento, violento amar
Para en tu oreja verter mis dones
Trino exaltado, ecos de mar.

Vespers

En esa hora crepuscular
Cuando las aguas verdes se mecen
Al lento viento, y palidecen,
En sus entrañas te veo flotar.

Cuando en la bruma, suave brillar,
Nacen estrellas, joyas de estío
Tenue reflejo en la faz del río
Tus ojos abres a mi mirar.

Cuando la luna joven, jugar
Con mariposas y flores quiere,
Al claroscuro tu imagen viene
En ondulante ritmo a danzar.

Entre suspiros voy a abrazar
Esa quimera fugaz y eterna
Ensueño efecto de mi alma enferma
Que amarte ansía y dejarse amar.

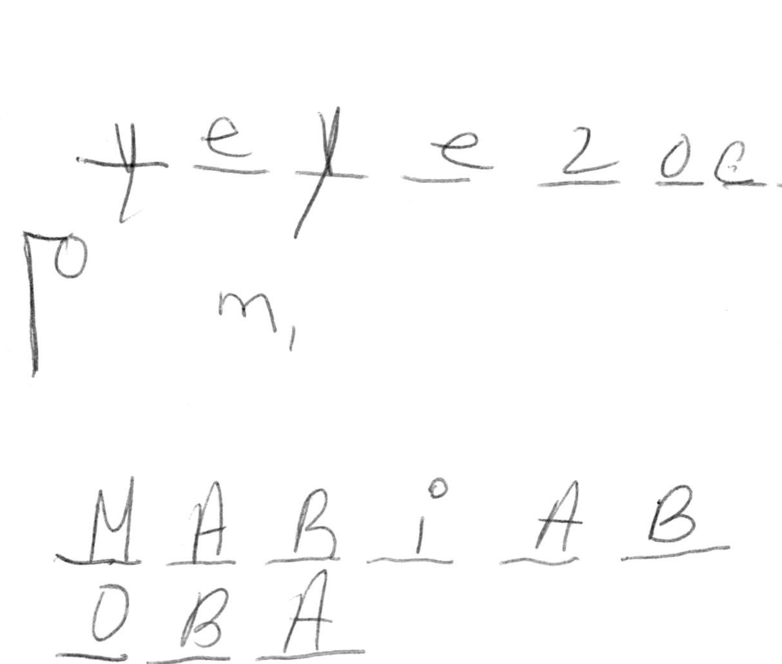

E, L, Y

Hoy vi una gota de cristal recorrer todo tu cuerpo

Tus sienes,
cálidas con rubores de sal,
De allí nació mi gota
A tu mejilla,
Encendida de fantasía
y agitación.
Tu cuello,
¡Como se estremecía
con el beso
de mi gota y yo!
Tu pecho,
¡Oh paraíso de montes
de alelíes!
cumbres altivas
Y tu vientre,
Con tenue y asedado vello
que en el viento titilaba

Dejando surco
de caricia húmeda
Siguiendo un sendero
ondulante
trazado por ti
Camino serpentino
Brilloso.
Con sol y
sal de mar.
Hasta mezclar nuestras aguas
con el rocío
de tus flores secretas,
dentro del mismo misterio
de Eva
de existencia eterna.
A tus piernas con un suspiro,
ondas y curvas de olas pulidas
Mármol labrado
Columnas de vida.
Tu pie, querido pie.
Pie de beso
Pie vanidoso
Galante, de conquista.
De mil encantos.

Rodamos al lecho de arenas,
Y nos disipamos
mi gota y yo.
Pero al mirar tu sien enardecida,
        Vi otra gota de cristal
        Que caía
        Lenta
        ¡Tan lenta!
La seguí con mis besos
        y recorrí su camino.

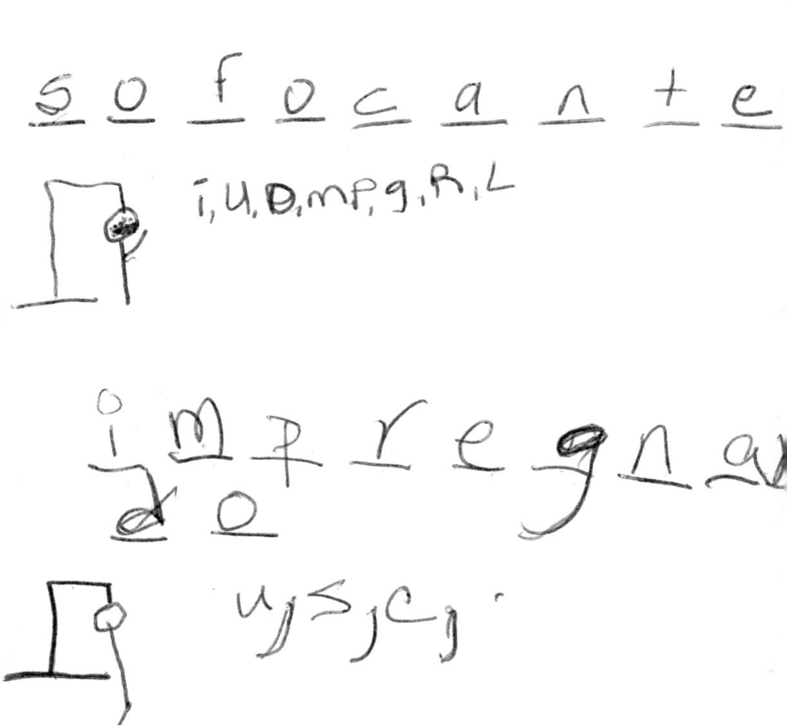
s o f o c a n t e
i, u, D, m, p, g, R, L
i m p r e g n a
d o
u, s, c,

Ausencia

un minuto, solo, seco
sin ti
todo opaco
mis sienes laten con tus recuerdos
se disuelven en colores
de arlequines
en girones
y fragmentos
de estampas quebradas
¿estoy?
¿existo?
soy en tu mente
tu pensamiento.

me aprisiona tu boca
que me da vida
mil bocas que ayer
besaban mi cuerpo
que hoy arde
con el recuerdo.

entre brumas fantasma soy
gris
pálido.
me iluminas
y con tu luz me aprisionas
con el susurro de entrega
con la mirada de éxtasis
lustrosos destellos
de amor
que me enseñaste.
qué ausencia tan viva
tan lenta.

Visiones

Cómo se agita mi pecho
al oírte sin que hables
Y verte sin que estés
¡Me estremeces!
Vuela tu aliento
sobre mis ojos
Y tu cuerpo palpita
contra el mío.
Te siento fluir entre mis manos.
Me rozan tus cabellos
¡Qué desasosiego!
Es un hechizo.

Lo sé
Pues no estás...
Me desvela la mirada
Coqueta y traviesa
De misterio y promesa
Pero entre imágenes confusas
Te desvaneces
En risas de cristales

Que no están... tampoco.
Intranquilo, respiro, y en el aire
Embebo tus aromas
De campos florecidos
y salitre crudo.
Aire caliente
vaporoso
Presencia inmensa
Mis labios te buscan, ansiosos
de saborearte
Pero encuentran sólo quimeras,
Fantasías elusivas
Sombras sin cuerpo
Destellos etéreos
¡Qué inquietud!
Giro en espirales sin fin,
Rozando tus pensamientos,
tan cerca
Rozando tus encajes,
tan lejos.
Conturbado estoy
Sin espacio
Sin tiempo
Ni realidad tangible.
Solo, contigo
impregnando mi aura

Con tu ser
¡Qué impaciencia!
De acabar
De enloquecer
¡Para poseerte
completa!

a, i, u, R M N L T V

Canto II

Tú, la blanca diadema
de perlas de mar
Yo, felino salvaje
de fibra mortal
Tú, la mustia violeta
la flor de cristal
Yo, arrecife que embiste
al cielo y al mar
Tú, paloma de nácar
gorjeo celestial
Yo, el fuego del alba
el yunque volcán
Tú, fragancia que embriagas
de musgo, de cal
Yo, de sudores lleno
de tierra, de sal
Tú, cristalinas aguas
fresco manantial

Yo, violencia, tormenta
huracán, vendaval
Tú, divinas areolas
quisieran volar
Yo, cazador hercúleo
las quiero atrapar
Tú, rubíes y rosas
pulido coral
Yo, sangre de tus venas
quisiera libar
Tú, cadencias esbeltas
promesas de más
Yo, mi raza de indio
te sale al pasar
Tú, secretos hechizos
a mí conjurar
Yo, bramidos de oso
pasión a estallar
Tú, encajes y sedas
¡Qué golpe fatal!
Yo, el alma en mis labios
en beso ofrendar
Tú, ilusión, desmayo
te das al final
Yo, en fuego y en vida
en tu alma reinar.

Canto a Juno

I

Serena Dama
Júbilo irradias
Paz, tu visura
Imaginaria

Tranquilo atisbo
Faz en sosiego
Dulzura tersa
Fábula, ensueño

Una quimera
La existencia
Imperturbable
Cálida inercia

II

Tu rostro augura
Un gran momento
Copulaciones
Del firmamento

Sentir sublime
Éxtasis simple
El roce quieto
El beso recio

Impulso lábil
Brazo fogoso
Caricia fina
Cuerpo ardoroso

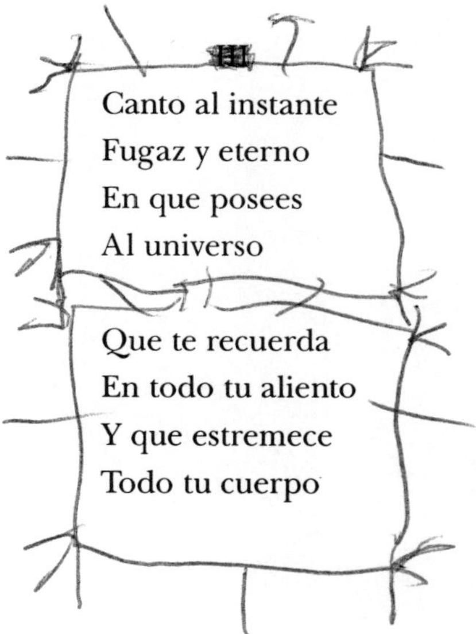

III

Canto al instante
Fugaz y eterno
En que posees
Al universo

Que te recuerda
En todo tu aliento
Y que estremece
Todo tu cuerpo

Oda al instante de la entrega

Eterno ese instante
sagrado, inmortal
esculpido en áureo
tapiz celestial.

De la entrega excelsa
de mi manantial
a la estrofa abierta
de tu madrigal

Sobre nuestros cuerpos
la luna boreal,
la primera noche
del lecho nupcial.

Amor vespertino
Amor matinal
Plegarias de almas
Coro pasional

Esperando siglos
Deseo virginal
Por este milagro
De entrega final

Grito primal

Noche caliente
Negra en el cielo
Negra sombra
Obsesión negra
La carne tiembla
La espalda en brasas
Sudor en caños
De hirviente lava

La roca suplica
Al mar que la embista
Le abre sus grietas
A la ardiente espuma
Su eco revuelto
retumba en mis huesos
Me rompe las venas
Martilla mi cuerpo

No vienes
Jaula aprieta
Paredes queman
Tierra quema
Camastro quema
No vienes
Jaula negra
Candela negra
La selva grita
Millares de gritos
Cada cual clamando
Su consumación
Su eco retumba
y retuerce mi sombra
Negra, invisible
Grotesca contorsión

Pulsa la jaula
Tiembla la tierra
Oigo tus pasos
Roces sensuales
Caliente yerba.
Tu voz me llama
Ronca de ansia
Espuma exhalas
De exaltación

Y el choque de cuerpos
De huesos y humores
En ritmo punzante
Sonoro, inflamado
Consume el afán
De dos obsesiones
Que al coro de selva
De noche y de roca
Sus voces acopla,
Sinfonía sensual.

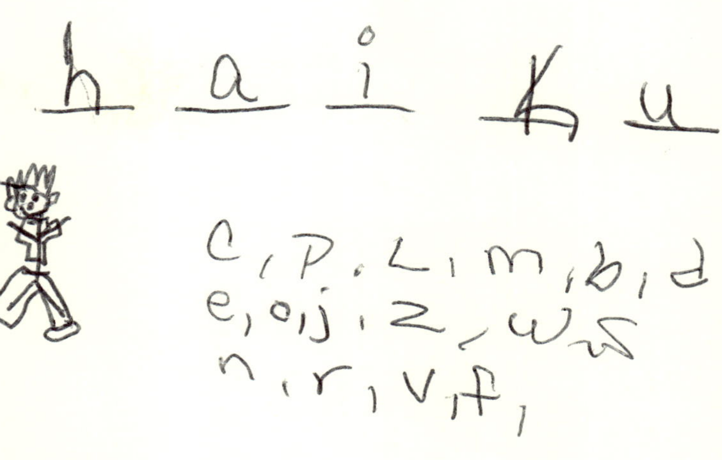
h a i k u
c, p, L, m, b, d
e, o, j, z, w
n, r, v, f,

Génesis II

Cuando se incline el último roble
Y los lirios duerman ya para siempre
Todavía te estaré amando.
Aun cuando se sequen los mares
Y se quebranten las entrañas
de la tierra
Perdurará mi amor más ...
Hasta que el lucero entorne
    sus ojos
Y los soles extingan sus
    fueros
Y no haya más luz
Ni pensamiento.

Perdurará todavía.
Y en aquel día
  En que el universo ya no pulse
  En que yerta y yerma
    yazca la materia inerte

En que disipe toda
energía
En terrible instante
de final entropía,
De mi amor nacerá otro universo.
Brillará el cielo
en luceros
Cantarán olas de mares
Nacerán nuevos rosales, se
Poblará el mundo en belleza
De mi amor,
Que seguirá
Porque es eterno.

El mismo amor en haiku

¡Tantos Haikus
¿Es que la primavera
está cerca?

Clamor distante
su trino no termina.
La alondra en celo.

La seda cae,
se posa en tu seno
y lo conquista.

Tronco torcido
darás fina madera
Hogar futuro.

Pájaro y hora
en eterna armonía,
cortina en seda.

Tenue rubor
en el bosque hirviente
¿un roble en verano?

Risa y mirada
Confabulan traviesas.
rubor de novios.

Sudor, salitre
mezclándose en aromas.
Tu piel caliente.

¿Copla a su amada
o grito de guerra?
Canta el ruiseñor.

En la arboleda
tus flores te delatan.
Roble escondido.

El sol plateado
sorprende a la mañana.
Día brumoso.

Sólo cambian
las hojas y su sombra.
Árbol eterno.

Ecos resuenan.
Zapatos de charol
anuncian promesas.

Flor de papel
en la alfombra de seda.
Beso tu pie.

Magnolia y cerezo
se ofrecen sus galas.
Tu piel en la mía.

Viril tormenta
cautiva a la arboleda.
Pasión primal.

Sombras, siluetas
en transparente seda.
Formas inquietas.

Dama elegante
disfrazas erotismo.
Mirada en celo.

Broche dorado
ciñe la seda tenue
sobre tu seno.

Sauce y ciprés
admirados se inclinan.
Mi dama pasea.

Tus deseos se asoman
en curioso erotismo
entre la arena.

Duermen felices
los rizos perezosos
sobre tus senos.

Majestuoso
manto pone a tus pies
el roble rosado.

Pétalo en seda
oloroso a amoríos.
Rocía primal.

Cesó la lluvia.
Sordo silencio. ¡Oye!
¡Múcaros cantan!

Velo de espuma
reposando en tu seno.
Justillo de encajes.

Vahos y olores
sofocante hechizo.
Cuerpo exaltado.

En el portal
contemplando el silencio
sonríe la anciana.

Tu pie desnudo
apenas si se oculta.
Sandalia dorada.

Columnas rosadas
custodian erguidas
tu jardín secreto.

Tu flor abierta
Coronada en rocío
ofrece amor.

Silente baila
de pasión encendida.
Guajana al viento.

Roble y acacia
Sus ramas entrelazan
tierno rubor.

Sorprendida
la mariposa admira
su nuevo vestuario.

Visión irreal
en sopor vespertino
¿unicornio azul?

La flor desnuda
su intimidad al viento
y se estremece.

Majestuosa
en su tiesto de barro
la violeta reina.

Exótica danza
la cimbreante palmera.
Tenso compás.

El ruiseñor
en vela por su amada,
canta al silencio.

Agua olorosa
en el pie de la amada
ríos ocultos.

Serena, aguarda
la noche al huracán.
Ella sabe.

Coquí exaltado:
¡Suena furioso!
¿...O, haces el amor?

Flamboyán solo.
Rojo en medio del prado.
Reinas un mes.

Pitirres gritan
y anuncian.
Nadie contesta.

¿Acaso crees,
diminuta violeta,
que ya eres flor?

Imperceptible
la sonrisa se agranda..
Vuelve su amado.

Desnuda esbeltez
reinas en la mañana
sobre mis sueños.

La espuma azota
a la roca escondida.
Pasión continua.

Puerta de jade
me abre el paraíso.
Rocío en tu flor.

La luna llena
antes de hundirse en el mar
besa su nube.

Serena dama
inmutable contempla
el tiempo: ¡Oh venus!

Tenso el falcón
esperando a su amada.
Sombra lejana.

Senda tranquila
me llevas a sus flores.
Aroma cerca.

Luz espléndida
¿es de oro líquido?
Luna de enero.

Amaneceres
son de sonrisas llenos.
Nube risueña.

La enredadera
se trenza con su roca.
Pasión eterna.

En la distancia,
la amada entre la bruma.
Estatua antigua.

Mustio perfume
en mis libros antiguos.
Flores lejanas.

La semilla,
bajo las hojas secas,
Paciente espera.

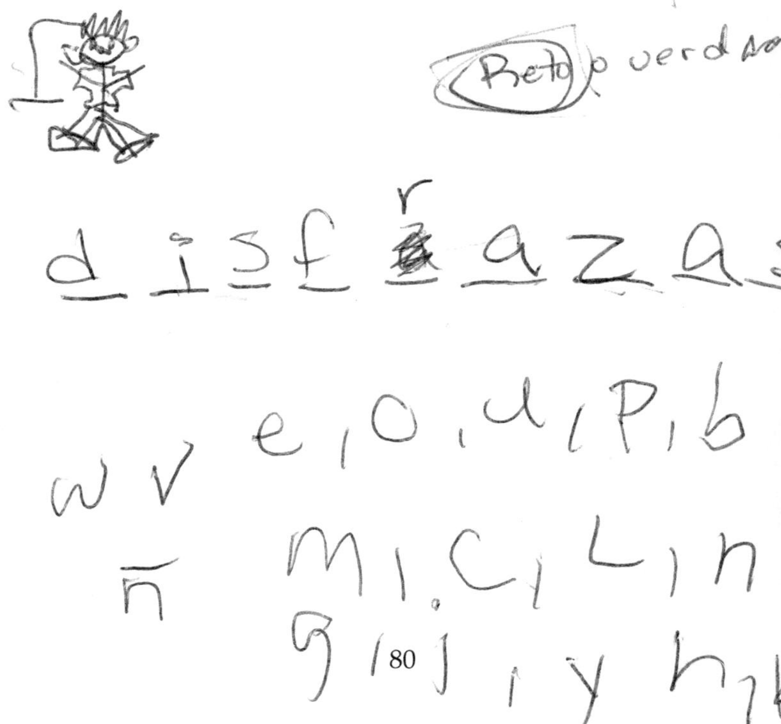

Clamor
name

Maria

Salitre